<그리스도인이면 꼭 알아야 할 성경 지식>

디모데후서

제1권 예수 그리스도의 훌륭한 군사가 되라(1,2장)

서울솔로몬학교 성경연수원

이 책에 인용된 성경 구절은 〈한글킹제임스성경〉입니다.

제1과

능력과 사랑과 건전한 생각의 영(1:1-7)

『하나님께서 우리에게 주신 것은 두려워하는 영이 아니라 능력과 사랑과 건전한 생각의 영이라』(딤후 1:7).

마지막 유언, 마지막 권면

성경에는 "백조의 노래"(Swan Song, "마지막 작품")에 해당하는 몇몇 "마지막 유언, 마지막 권면"이 나오는데, 야곱이 열두 아들에게 했던 마지막 유언(창 49장), 모세가 이스라엘 백성에게 전한 마지막 고별사(신 32,33장), 여호수아가 백성들에게 선포한 마지막 연설(수 24장), 다윗이 세상을 향해 기록한 마지막 시(삼하 22,23장), 예수 그리스도께서 그분의 제자들과 함께 나누신 마지막 담화(요 13-17장), 스데반이 산헤드린 공회를 향해 전파한 마지막 설교(행 7장), 바울이 에베소의 장로들(목사들)에게 이야기한 마지막 감동적인 고별사(행 20장) 등이 언급되는 것이다.

바울이 로마의 "네로" 황제 통치하에서 로마의 감옥에 투옥되어 참수형당해 죽기 바로 얼마 전인 A.D. 68년경에, 마지막 죽음을 앞두고 그의 참으로 사랑하는 영적인 아들 "디모데"에게 두 번째로 보내는 디모데후서 역시 매우 감동적인 "백조의 노래"(마지막 유언)이다. 그래서 이 서신에는 믿음의 선한 싸움을 싸우고 믿음의 경주를 인내로 달려가고 있는 젊은 사역자 디모데에게 주는 마지막 충고와 경고, 권면과 권고, 위안과 격려 등이 담겨 있다.

■ 새롭게 깨달았거나 적용할 내용이 있다면 적어 보세요. ■

디모데후서의 주제

디모데후서의 주제는 "선한 싸움을 싸우고 믿음으로 경주를 마치라"이다. 『**내가 이미 제물로 드려질 준비가 되어 있고, 떠날 때가 이르렀도다. 내가 선한 싸움을 싸우고 달려갈 길을 마치고 믿음을 지켰으니 이후로는 나를 위하여 의의 면류관이 마련되어 있어 의로운 재판관이신 주께서 그 날에 그것을 내게 주실 것이며 또 나뿐만 아니라 그의 나타나심을 사모하는 모든 사람에게도 주실 것이라**』(딤후 4:6-8). 비록 디모데후서가 "옥중 서신"으로 분류되지 않는다 해도, 바울이 이 서신을 기록할 때는 "감옥"에 있었다. 그는 "제1차 투옥" 때와 달리 "지하 감옥"에 갇혀 있는 상황에서 자유롭지 못했고, 밖으로 나가는 것을 기대조차 할 수 없었다. 오히려 "순교의 죽음"을 통해 "제물로 드려질 것"을 기다리고 있었으며, 더욱이 그의 동역자들은 바울 곁을 떠난지라 그 자리에 함께 없었다(딤후 4:9-22). 하지만 바울은 순교를 앞두고 있는 상황임에도 불구하고, 전혀 낙담하지 않았고, 위축되지도 않았으며, 오히려 "확신에 찬 소망"을 당당하게 표명하고 있다. 『**주께서는 나를 모든 악한 일에서 구해 내시고, 그의 하늘나라에 이르기까지 나를 보호하시리니, 영광이 그분께 영원무궁토록 있기를 원하노라. 아멘**』(딤후 4:18).

한편 디모데후서에는 "개인적인 내용"이 많이 들어 있는데, 특히 고난 중의 위로와 권면이 강조되고, 복음 전파와, 말씀을 사랑할 것과, 진리의 말씀을 올바로 나누어 공부할 것에 대한 권고도 주어지고 있다(딤후 2:15; 4:1,2,5). 또한 바울은 "거짓 교리"(딤후 2:16-18)와 "마지막 날들에 있을 일들"(딤후 3:1-7)에 관해서도 경고하고 있다. 그러면 "순교의 죽음"을 목전에 두고서도 용기 있고 의연하게 처신했던 바울이 그의 사랑하는 영적인 아들이자 동역자였던 디모데에게 마지막으로 남긴 권면과 위로와 격려가 무엇이었는지 살펴보도록 하자.

사랑하는 아들 디모데

『하나님의 뜻에 의하여 그리스도 예수 안에 있는 생명의 약속에 따라 예수 그리스도의 사도 된 바울은 나의 참으로 사랑하는 아들 디모데에게 *편지하노니*, 하나님 아버지와 그리스도 예수 우리 주로부터 은혜와 자비와 평강이 있을지어다. 선조 때부터 순수한 양심으로 내가 섬겨 오는 하나님께 감사함은 나의 밤낮 기도하는 가운데 쉬지 않고 너를 기억함이며, 네 눈물을 생각하여 너를 몹시 보기 원함은 내가 기쁨으로 충만해지고자 함이라』(딤후 1:1-4).

바울은 『**선조**[하나님을 섬긴 "유대인 선조들"] **때부터 순수한 양심으로**』(3절) 하나님을 섬겨 왔다. 물론 "스테판"을 박해한 현장에 있었을 때는(행 7장) 더 이상 "순수한 양심"을 지닐 수 없었고, 예수 그리스도를 만나 회심했을 때는(행 9장) "순수한 양심"을 다시 회복했다. 그 후로 바울은 대부분의 생애를 『**하나님과 사람 앞에 항상 거리낌이 없는 양심을 지니려고**』(행 24:16) 힘썼으며, 『**하나님 앞에 온전히 선한 양심으로**』(행 23:1) 살아가기 위해 최선을 다했다.

한편 『**생명의 약속**』(1절)은 『**영생의 소망**』(딛 1:2)으로도 표현되는데, 아버지 하나님께서는 그 『**영생의 소망**』을 『**세상이 시작되기 이전에 약속**』하셨고(딛 1:2), 또한 이 "약속"은 『**그리스도 예수 안에**』(1절) 있다. 이 약속과 관련하여 성경은 『**그가 우리에게 약속하신 약속이 이것이니, 곧 영원한 생명이니라.**』(요일 2:25)라고 말씀한다. 그래서 "영원한 생명"이신 예수 그리스도를 소유한 사람은 "영생을 소유한 사람"이다(요일 5:11,12).

또한 바울은 복음으로 낳은 영적인 아들 디모데를 무척 사랑했다. "마지막 죽음"을 앞두고, 다른 사람도 아닌 오직 디모데에게만 유일하게 "마지막 서신"을 보낼 만큼 그를 몹시 보고 싶어 했다(4절). 심지어 밤낮 드리는 매일의 기도 가운데 쉬지 않고 디모데를 기억했다(3절). 이유는 분명했다. 우선 바울이 사역과 관련하여 디모데를 "영적인 아들"로(2절) 잘 양육해 왔기 때문이다. 그를 신실한 군사로 양육하기 위해, 사역에 필요한 모든 유익한 것들은 무엇이나 숨기지 않고 다 보여 주고 가르쳐 주었다. 기본 제식 훈련부터 시작해서 사격, 수류탄 투척, 총검술, 태권도, 공격과 방어, 적 식별하기, 화생방 훈련, 행군 등에 이르기까지, 마치 군대의 "신병 훈련소"에서 신병들을 잘 훈련시켜 "전장"으로 투입시키듯, 바울은 처음부터 끝까지 디모데를 신실하게 훈련시켰던 것이다. 이제 디모데는 아직 나이가 어리다 한들, "아무도 그의 연소함을 업신여기지 못할 정도"가 되었다. **『아무도 너의 연소함을 업신여기지 못하게 하고, 오직 너는 말과 행실과 사랑과 영과 믿음과 순결에 있어서 믿는 자들의 본이 되라』**(딤전 4:12).

능력과 사랑과 건전한 생각의 영

『나는 네 안에 있는 가식 없는 믿음을 기억하노니, 이는 먼저 네 할머니 로이스와 네 어머니 유니게 안에 있었고 네 안에도 있음을 확신하노라. 그러므로 내가 너를 일깨우는 것은 나의 안수함으로 네 속에 있게 된 하나님의 은사를 불일듯 일어나게 하려 함이라. 하나님께서 우리에게 주신 것은 두려워하는 영이 아니라 능력과 사랑과 건전한 생각의 영이라』(딤후 1:5-7).

한편 바울의 "신실한 가르침"뿐 아니라, 디모데에게는 "신실한 배움의 자세"가 있었다. 바울이 가르쳐 준대로 그대로 듣고 믿고 따랐기 때문이다. 특히 디모데에게는 "가식 없는 믿음"이 있었다(5절). 이런 "가식 없는 믿음"은 에녹, 노아, 아브라함, 이삭, 야곱 등 "신실한 믿음의 사람들"에게서 공통적으로 발견되는 믿음이다. 이들은 이러한 믿음을 통해 "좋은 평판"을 얻었다(히 11:2). 여기에는 어떤 위선이나 가식도 없다. 사람들에게 잘 보이려 하는 믿음은 믿음이 아니다. 가식 없는 믿음은 진리의 말씀에 반응하는 살아 있는 믿음이다. 그 믿음은 성경적인 믿음이고, 살아 있는 양심에서 나오는 순수한 믿음이다. 그러한 믿음은 기도의 응답을 가져오고 하나님을 기쁘시게 한다. 특히 가식 없는 믿음은 큰 능력을 발휘한다.

이런 순수한 믿음을 가진 디모데를 향해 바울은 디모데 안에 주어진 『**하나님의 은사를 불일듯 일어나게 하려 함이라.**』(6절)라고 말했다. 디모데는 이전에 안수를 받았을 때 "예언에 따라 주어진 은사"가 있었다. 『**장로회에서 안수함으로써 예언에 따라 너에게 주어진 네 안에 있는 은사를 소홀히 여기지 말라**』(딤전 4:14). 그러한 "은사"(롬 12:4-8, 고전 12:8-10)는 『**성령을 힘입어**』 디모데에게 『**맡겨진... 좋은 것**』이었고(딤후 1:14), 따라서 디모데는 『**그 좋은 것을 지키라.**』(딤후 1:14)라는 명령을 받는다. 그렇게 지킬 뿐 아니라 "불일 듯 일어나게" 해야 한다. 각자에게 주어진 "하나님의 은사들"을 결코 사장(死藏)시키는 일이 생기면 안 된다. 자기 안에 있는 은사를 일으켜야 하고, 최대로 활용해야 한다. 그래야만 더 효과적이고 능력 있게 복음의 사역을 수행할 수 있는 것이다.

이렇듯 모든 성도들은 자신에게 주어진 은사를 잘 사용하여 각자에게 맡겨진 하나님의 일들을 아무런 두려움 없이 수행해 나가야 한다. 이는 『**하나님께서 우리에게 주신 것은 두려워하는 영이 아니라 능력과 사랑과 건전한 생각의 영**』(7절)이기 때문이다. <u>우선 그리스도인들에게는 "능력의 영," 곧 "하나님의 능력"이 주어졌다</u>. 그래서 "사자처럼" 담대할 수 있다(잠 28:1). 능력의 영이 없다면 기도로 간구하면 된다(엡 6:18,19). 비록 배우지 못한 무식한 사람들이라도 예수님과 함께 있다면 능력 있는 담대한 사람들이 된다(행 4:13). 이 능력은 죄를 이길 수 있는 능력이다(롬 6,7장). 기도 응답을 받는 능력이고(요일 3:22), 하나님의 말씀을 용기 있게 증거하는 능력이다(딤후 4:2-4). 담대하게 죄인들을 꾸짖을 수 있고(딛 1:13), 또 죄들을 꾸짖을 수 있는 능력이다(엡 5:11-13). 또한 고통과 고난을 인내하는 능력이고(고후 7:4-7), 세상을 이길 수 있는 능력이다(요일 5:1-5).

다음으로 성도들에게는 "사랑의 영"이 있다. 하나님을 사랑하고, 진리의 말씀을 사랑하며(요 14:23), 하나님께서 좋아하시고 기뻐하시는 것을 사랑한다. "그리스도의 몸" 안에 있는 지체들을 사랑하고(요일 5:1), 잃어버린 혼들에 대한 강한 연민이 있다(시 126:5,6). 무엇보다도 위에 있는 것들을 바라보고 사랑한다(골 3:1-3). 마지막으로 그리스도인들에게는 "건전한 생각의 영"이 주어졌다. 다시 말해 "진리를 발견할 수 있는 생각"(요 17:17), "진리를 올바로 나눌 수 있는 생각"(딤후 2:15), "인위적인 것"(롬 16:18)과 "본래의 것"(고전 2:13)을 구분할 수 있는 생각이 주어진 것이다. 특히 "건전한 생각"은 "그리스도의 생각"(고전 2:16)이다. "건전한 생각"은 "무엇이 '진리'이고, 무엇이 '비진리'인지," 혹은 "무엇이 '선'이고, 무엇이 '악'인지" 정확히 분별하여 아는 것이다. 또한 이 생각은 "무엇을 받아들여야 하고, 무엇을 거절해야 하는지"를 아는 것이다.

이런 "건전한 생각"을 갖추게 되면 소위 "영적인 분별력"이 생긴다. 그래서 이 생각을 가진 사람은 사탄의 어떤 공격이나 세상의 어떤 유혹에도 쉽게 흔들리지 않는다. 또한 교만하지도 않고, 잘 더럽혀지지도 않는다. 어떤 죄인이 회심하면, 하나님께서는 그에게 "건전한 생각"을 주신다. 이러한 "건전한 생각"을 받기 전까지, 우리 모두는 『**미친 마음**』(전 9:3)을 품고 있었다. 따라서 그 마음이 『**능력과 사랑과 건전한 생각의 영**』(7절)으로 채워지지 못하고, 하나님을 향한 두려움이 아닌 "다른 어떤 것에 대한 두려움"으로 가득 차 있다면, 그것은 마귀가 심어 놓은 두려움임을 잊지 말아야 한다.

NOTES

제2과

거룩한 소명(1:8-18)

『그러므로 너는 우리 주의 증거나 그의 죄수 된 나를 부끄러워하지 말고, 하나님의 능력에 따라 복음을 위하여 고난의 동참자가 되라』(딤후 1:8).

고난의 동참자가 되라

현시대를 살아가는 우리는 바울을 이방인의 사도로 알고 있고 이 사실을 의심하거나 부인하는 사람은 찾아보기 어렵다. 하지만 바울 당시 상황은 지금과 많이 달랐다. 바울은 사도라는 직분을 의심 받았고 그의 권위는 항상 공격의 대상이었다. 사도 바울의 초기 사역을 보면 바울은 여러 지역을 다니면서 은혜의 복음을 전파했고 교회를 세웠으며 은혜의 경륜을 교회 안에 확산시켜 나갔다. 그렇게 교회가 세워지자 각 교회들에 장로들(목사들)을 임명하여 교회를 인도하게 했고, 신약의 교리들을 정착시키고 잘못된 교리들을 바로잡아 주면서 교리적인 기반들을 확고히 세워 나갔다. 그러나 사탄은 이러한 복음 전파와 사역을 막기 위해 여러 가지 공격과 방해를 했는데, 가장 큰 공격과 방해는 형식적인 율법을 강조하는 유대주의자들의 공격이라 할 수 있다. 이들의 방해 유형은 크게 두 가지이다. 첫째는 바울의 사도적인 권위를 무시하고 그가 증거하는 증거의 무게를 격하시킴으로써 바울 자신뿐 아니라 그가 전파한 말씀들과 사역을 신뢰하지 못하게 만드는 것이었고 두 번째는 "바울은 하나님께서 세우신 사도도 아니고 그는 거짓말쟁이다."와 같은 말들로 바울을 거짓되게 비방하거나 그에 관한 기록이나 편지들을 날조하는 일들이다. 심지어 바울이 전파한 내용을 완전히 뒤집어서 거짓 교리들을 유포하기도 했는데, 특히 율법의 행위를 통해 구원을 받거나 구원이 유지된다고 전하는 거짓 교사들이 있었던 것이다(행 15:1,5).

실제로 초기 신약 성도들 가운데는 이런 유대주의자들의 영향으로 거짓 교리에 미혹된 사람들이 많이 있었다. 실제 당시에 대부분의 사람들은 바울을 부끄러워했고 바울을 버리고 떠나기까지 했다. 이렇게 바울의 권위가 공격받는 상황에서 바울은 감옥에 갇히기까지 한 것이다. 바울의 지인들뿐만 아니라 동역자들까지 바울을 부끄러워하기에 충분한 환경이 마련된 것이다. 이런 상황에서 바울은 죄수 된 자신을 부끄러워하지 말고 너희도 복음을 위해 고난의 동참자가 되라고 권고한다.

고난에 대한 세상의 반응

복음을 반대하는 모든 이교도들은 그리스도인이 고난을 받을 때 그것은 그가 하나님의 저주를 받고 멸망으로 향해 가기 때문이라고 생각한다(욥 2:9). 구원 받지 않은 사람들에게 조롱당하고 고난을 당하는 거의 모든 그리스도인들은 용기를 잃기 쉽고, 그때마다 그들은 하나님께서 그들을 버리셨다는 생각으로 무서워한다.

고난 받았던 바울은 고난에 동참하고 있는 그리스도인들에게 그가 그랬던 것처럼 곧장 앞을 향해 나아가고 고난을 무시하며 고난을 하나님의 축복의 표시로(눅 6:22), 그들이 구원받았다는 증거로(히 12:4-8) 받아들이라고 격려한다. 반대로 그들의 반대자들은 그들이 구원을 받지 못했다는 증거로 동일한 표를 받아들인다.(요 9:2).

반대자들에 의해 야기된 다윗의 고난은 그의 반대자들에게 다윗이 저주받았다는 증거가 되었다(삼하 16:8). 반대자들에 의해 야기된 욥의 고난은 그의 아내에게 그가 저주받았다는 증거가 되었다(욥 2:9). 소경의 고난은 제자들에게 그와 그의 부모들이 멸망과 관련 있다는 증거가 되었다(요 9:2). 예수 그리스도께서 당하신 고난은 반대자들에게 "하나님의 저주"가 되었고, 지옥으로 갈 신성모독자이며, "용기" 때문에 돌로 맞아야 할 자라는 확실한 표가 되었다.

거룩한 소명(8-12절)

1. 그의 죄수 된 바울(8절)

8절 앞 부분의 『**우리 주의 증거**』란 예수님께서 잡히시고 투옥되신 것을 말한다. 바울도 예수님처럼 잡히고 투옥되었는데 이때 바울은 자신을 네로의 죄수로 여기지 않았다. 예수 그리스도께서도 자신을 빌라도의 죄수로 여기지 않으셨는데 바울도 그랬던 것이다. 바울은 비록 네로의 통치하에서 감옥에 갇혔지만 그것은 전능하신 하나님의 결정이라는 것을 알고 있었던 것이다.

하나님께서는 체포되게 하실 것인지 아니면 체포할 수 없게 하실 것인지를 결정하시는 분이다. 그래서 복음전파자가 감옥에 있게 된다면 그것은 하나님께서 허락하셔서 감옥에 있게 된 것이지 검사가 유능해서 갇히게 된 것이 아니다.

2. 목적과 은혜에 따라 부르심(9절)

하나님께서 죄인을 구원하시고 거룩한 소명으로 부르시는 것은 사람의 행위를 보고 결정하시는 것이 아니다. 죄인이 구원받는 것은 주 예수 그리스도의 피의 속죄에 근거한다. 하나님께서 죄인을 부르시는 것은 죄인들이 예수 그리스도를 영접했을 때(요 1:12,13) 하나님께서 우리를 그리스도 안에 넣어 주신 사실에 근거하는 것이다.

하나님의 목적은 개인들을 자녀로 입양시키는 것이고 이 일은 지난 4,000년간(창세기 1장부터 사도행전 2장까지) 행하신 적이 없다. 그러다가 하나님의 은혜를 통해 죄인들이 이 사실을 깨닫게 되었다. 즉 죄인들이 값없는 하나님의 선물을 받아들임으로 하늘에 갈 수 있는 기회가 주어졌다는 사실을 깨닫게 되는 것이다.

『하나님께서 세상의 기초를 놓으시기 이전에 우리로 사랑 안에서 그분 앞에 거룩하고 흠 없게 하시려고 그리스도 안에서 우리를 택하시어 하나님의 기쁘신 뜻에 따라 예수 그리스도를 통하여 우리를 자신의 자녀로 입양할 것을 예정하셨으니 이는 하나님께서 그 사랑하시는 이 안에서 우리를 받아들이신 그의 은혜의 영광을 찬양케 하려 하심이니라』(엡 1:4-6).

3. 밝혀진 생명과 불멸(10절)

우리 구주 예수 그리스도의 나타나심으로 하나님의 목적이 드러나게 되었다. 따라서 예수 그리스도께서 나타나시기 전까지는 그 어떤 사람도 "그리스도 안에" 없었다. 죽음은 지금부터라도 최소한 1,000년까지는(계 20:14) 폐기되지 않는다. 그러나 죽음은 더 이상 그리스도인들을 위협하지 못한다. 죽음은 더 이상 그리스도인이 묻혔을 때 잡아 두지 못한다.

생명과 불멸은 마태복음 28장, 마가복음 16장, 누가복음 24장, 요한복음 20장까지는 희미했지만 그 후로 밝혀졌다. 모든 사람은 계속 살아 있기를 원하고 영원히 살기를 원한다. 경우에 따라 육신의 생명을 유지해 나가기가 참을 수 없이 힘들고, 때로는 자살 충동을 느낀다 하더라도 인간의 본성은 계속해서 살아남기를 바라는 것이다. 사람이 생명만큼 소중히 여기는 것도 없다. 인간은 죽기를 원치 않는다.

불멸에 대한 인간의 욕망을 보여 주는 것이 미라이다. 이집트인들은 사랑하는 사람이 죽으면 미라를 만들어 필요한 것들을 남겼다. 향기나는 꽃도 갖다 놓고, 음식과 술, 사냥에 필요한 무기도 무덤에 두었다. 종교 역시 불멸의 욕망에서 비롯되었다. 하지만 모든 종교는 무덤에서 끝난다.

인간의 불멸에 대한 욕망은 끝이 없고, 우주적이며, 정상적이고 절대적이다. 불멸에 대한 욕망은 먹을 음식과 마실 물에 대한 욕망과 같다. 이러한 인간의 욕망을 과학과 철학, 정신의학은 충족시켜 주지 못했다. 이 욕망을 만족시키고 해소해 줄 수 있는 것은 아무 것도 없다. **『그 아들이 있는 자는 생명이 있고 하나님의 아들이 없는 자는 생명이 없느니라』**(요일 5:12). 이 외에는 해결책이 없다.

『마지막 나팔 소리에 눈깜짝하는 순간에 그러하리라. 나팔 소리가 나면 죽은 자들이 썩지 아니하는 몸으로 일으켜지며 우리도 변화되리라. 그리하여 이 썩을 몸이 반드시 썩지 아니할 몸을 입고 이 죽을 몸이 반드시 죽지 아니할 몸을 입으리라. 이 썩을 몸이 썩지 아니함을 입고 또 이 죽을 몸이 죽지 아니함을 입게 되면 그때 "사망이 승리 속에 삼킨 바 되었느니라."고 기록된 말씀이 이루어지리라』(고전 15:52-54).

4. 성경의 직분(11절)

전도자와 사도와 교사는 성경에서 제시하는 직분이다. 전도자는 설교자를 말하는데 세상은 성경적인 설교자를 감당하지 못한다. 성경 교사들에 대해서는 어느 정도 세상이 눈감아 줄 수 있지만 설교자들에 대해서는 거부하는 것이 세상이다. 세상은 죄들을 버리기 아쉬워하고 죄들과 함께 즐기기를 원하지만 어떤 죄도 용납하지 않고 지적하고 책망하며 돌이키라고 경고하는 것이 성경적 설교자이다. 성경적 설교자는 타협이 없다. 큰 소리로 부르짖는 사람이고 고함으로 책망과 경고를 하는 사람이다. 결코 세련된 감각과 그럴듯한 언변으로 점잖게만 말하는 사람이 아니다.

『아끼지 말고 크게 외치며, 나팔처럼 네 목소리를 높이라. 내 백성에게 그들의 허물을, 야곱의 집에 그들의 죄들을 보이라』(사 58:1).

바리새인들과 서기관들이 예수 그리스도를 반대했던 실제 이유는 예수님의 설교 때문이다. 예수님께서는 자신의 가르침에 대해 어떤 사상을 나누시거나 생각을 나누시거나 하나님의 사랑을 나누시는 것으로 정의하지 않으셨다. 예수님께서는 설교를 통해(마 21:43,44; 23:33, 막 7:6, 눅 11:52, 요 2:16; 8:44) 폭로시키고, 폭파시키고, 펄펄 끓게 만들고, 숨기는 것을 드러내고, 껍질을 벗겨내셨다. 그리하여 인간에게 가장 부도덕한 것(마 23:17), 가장 냉혹한 것(마 12:34), 가장 냉소적인 것(마 15:14), 가장 무례한 것(마 8:22), 가장 공격적인 것(마 16:3)을 통렬하게 끄집어 내셨다.

『그러므로 내가 너희에게 말하노니, 하나님의 나라를 너희에게서 빼앗아 그 소출을 가져올 민족에게 주리라. 또 누구든지 이 돌 위에 떨어지는 사람은 부서질 것이요, 이 돌이 누구에게든지 떨어지면 그 사람을 가루로 만들 것이라."고 하시니』(마 21:43,44).

『위선자인 서기관들과 바리새인들아, 너희에게 화 있으리라! 이는 너희가 박하와 아니스와 커민의 십일조는 바치면서 율법과 공의와 자비와 믿음의

더 중요한 것을 빠뜨렸기 때문이라. 너희는 이것들도 마땅히 행하고 또 저것들도 저버리지 말아야 하리라』(마 23:23).

『주께서 그들에게 대답하여 말씀하시기를 "너희 위선자들에 관하여 이사야가 잘 예언하였도다. 기록된 바와 같으니 '이 백성이 입술로는 나를 공경하여도 그들의 마음은 내게서 멀도다. 그러면서도 사람들의 계명들을 교리들로 가르치니, 그들이 나를 헛되이 경배하는도다.' 너희가 하나님의 계명을 버리고 사람들의 전통을 지키니, 단지와 잔을 물로 씻는 것과 이와 같은 여러 가지 다른 일을 자행하는도다."라고 하시니라』(막 7:6).

그리스도인은 예수 그리스도를 따르는 사람들을 말한다. 예수 그리스도를 따르는 그리스도인이라면 신실하고 정직하게 따라야 한다. 그러다 보면 예수님을 버렸던 수많은 사람들의 반대에 부딪쳐 그들의 비위에 거슬리게 된다. 이를 제쳐 놓고 예수님을 따른다고 말한다면 더 이상 예수님을 따르지 않는 것이다. 그들은 그리스도인들이 아니다. 성경을 반대하는 자들이고 예수 그리스도를 반대하는 자들이다.

5. 바울의 확신(12절)

바울은 매를 과도하게 맞아 죽음 직전까지 갔던 적이 한두 번이 아니었다. 그는 유대인들에게 다섯 번이나 맞았는데, 각각의 경우 39대의 매를 맞았으니, 총 195대의 채찍질을 당한 셈이다. 그는 전신이 매 자국투성이었고 머리부터 발끝까지 흉터로 덮여 있었다. 수많은 채찍질뿐만 아니라, 기다란 죽봉이나 억센 빗자루 손잡이 같은 막대기로 세 번 이상을 맞았다. 한 번은 돌로 맞았다고 말하는데 이것은 사도행전 14:19의 루스트라에서 돌로 맞은 일을 언급하는 것으로 볼 수 있다. 바울은 세 번 파선당했다. 그 세 번의 파선 중 한 번은 24시간을 바다에 떠다니기도 했다. 바울은 선교를 위해 여행을 많이 했는데 배로 여행을 하든(강의 위협), 육로로 여행을 하든(강도의 위협) 위험에 처했다.

유대인들과 이방인들은 물론, 신앙을 고백하는 그리스도인들까지도 끈질기게 그를 괴롭혔다. 성읍이든 나라든 바다에 있든 늘 위험이 그를 쫓아다니는 것으로 보일 지경이었다. 바울은 그야말로 "기진맥진했고" 고통이 끊이지 않았다. 잠을 이루지 못했고, 굶주리고 목말랐다. 가진 게 없었기 때문에 굶기를 밥 먹듯이 했을 뿐만 아니라, 스스로 먹지 않고 지낸 적도 있었다. 그리고 몸을 따뜻하게 해 줄 만한 옷 한 벌도 없었다.

나에게 모세는 성경에서 가장 위대한 "목사"였다. 그는 "주일학교"에서 200만 명을 통솔했으며 마귀가 함께하는 "집회"(이집트)에서 200만 명을 끌어내어 그를 따르게 하기도 했다. 더욱이 그는 같은 회중을 40년 동안 데리고 목회했다. 뿐만 아니라 그의 누이가 그에게 화를 냈고, 그의 형도 그에게 화를 냈다. 전 회중이 그에 관해 불평을 늘어놓았으며, 그들 중 어떤 무리는 "그 목사를 내쫓기 위해" 위원회를 조성하기도 했다. 모세는 자신의 성질을 이기지 못하고 돌판을 내동댕이쳐서 온 십계명을 한 번에 깨뜨려 버린 적이 있는데, 그것은 그 사역의 한 단면에 지나지 않는 것이다. 그는 사역을 하다가 지쳤고, 사역에 대해 싫증을 내기도 했다. 『**주께서 나를 이처럼 대하신다면, 만일 내가 주의 목전에 은총을 얻었다면, 내가 주께 간구하오니, 나를 즉시 죽이소서. 그리하여 나로 하여금 나의 비참함을 보지 않게 하소서." 하더라**』(민 11:15). 이런 순간들이 이를 때면, 주님께서 모세 옆에 다가오시어 그를 격려하시고 그의 마음을 위로해 주셨다. 그러면 모세는 자리에서 벌떡 일어나 다시 사역을 수행하곤 했다. - 피터 럭크만

바울의 권고와 회상(13-18절)

1. 굳게 붙잡고 맡겨진 것을 지키라(13,14절)

건전한 말씀들은 성령으로 감동을 받은 거룩한 사람들로부터 나온 말씀인 성경이다. 이처럼 성경에서는 "굳게 붙잡으라"고 권면하는 말씀이 많다. 우선 그리스도인은 선한 것을 붙잡으라(살전 5:21)는 명령을 받고, 확신과 소망의 기쁨을 굳게 붙잡아야 하며(히 3:6), 우리 믿음의 고백을 흔들림 없이 굳게 붙들어야(히 10:23) 한다. 신실한 말씀을 굳게 붙잡아야(딛 1:9)하고 훈계를 굳게 붙잡아 놓치지 말며(잠 4:13) 건전한 말씀의 본을 굳게 붙잡아야 한다.

2. 바울을 떠난 사람들(15절)

아시아에 있던 동역자들은 데마처럼 바울을 떠났고 바울을 아주 곤란한 지경으로 몰아넣었다. 그리고 그중에서도 특별히 두 명을 더 언급하는데, 그들이 부겔로와 헤모게네이다. 이들은 바울을 떠난 많은 사람들 중 이름이 언급되는 사람들이다.

3. 바울을 열심히 찾은 사람(16절)

바울을 떠난 동역자들이 있었던 반면 바울을 부끄러워하지 아니하고 매우 열심히 찾아서 만났던 사람도 있었는데 그는 오네시포로이다. 오네시포로는 디모데후서 2:8의 바울의 권고를 정확히 실행한 인물이 된다. 바울은 죄수 된 자신을 부끄러워하지 말고 복음을 위하여 고난의 동참자가 되라고 권고했는데,

오네시포로는 16절과 17절의 이 권고에 매우 능동적이고 적극적으로 응답한 것이다. 오히려 그는 바울을 매우 열심히 찾아 바울에게 생기를 돋워주었다. 바울이 지쳐 보이면 찬물과 마실 음료를 가져갔고 의사 누가의 처방전을 들고 약국으로 달려가 약을 사오기도 하였다. 교도소에서 죄수들과 함께하는 것은 오네시포로에게 전혀 문제가 되지 않았다. 왜냐하면 오네시포로는 하나님께서 누구를 "죄수"로 보시는지 알았던 것이다.

오네시포로는 바울이 체포되기 전에만 섬겼던 것이 아니라(딤후 1:18) 바울이 이송되고 난 후에도 섬겼다. 오네시포로는 바울을 따라가 로마까지 갔으며 결국 바울이 갇혀 있는 감옥까지 알아냈다. 즉 오네시포로는 그 넓은 도시에서 바울을 찾아내기 위해 열심히(17절) 찾아야만 했던 것이다.

바울은 자신의 영적 아들 디모데에게 마지막 편지에서 사역에 대한 느낌과 앞으로 사역을 대하는 권고를 주고 있다. 그 권고에 오네시포로의 잦은 방문을 자신을 떠난 동역자들은 언급하면서 강조하고 있다. 하나님의 일은 그 일을 수행하는 것도 어렵지만, 마지막까지 그 자리를 지키면서 동역자로서 힘을 보태는 일은 더욱 어렵다. 하나님의 은혜의 복음으로 거듭나 하나님께서 세우신 참된 신약 교회에서 하나님을 섬기고 있는가? 하나님께서는 모든 자녀들에게 뜻을 두고 계신다. 자신에게 두신 하나님의 뜻을 정확히 깨닫고 고난의 동참자가 되어 동역자들에게 큰 힘이 되는 것이 하나님의 부르심에 합당한 응답이다.

■ 새롭게 깨달았거나 적용할 내용이 있다면 적어 보세요. ■

제2과 복습문제

1. 이방인의 사도 바울은 사도 직분을 항상 존중받았다. (O , X)

2. 바울은 자신을 네로의 죄수로 여기지 않고 예수 그리스도의 죄수로 여겼는데 그것은 전능하신 하나님의 결정이라는 것을 알았기 때문이다. (O , X)

3. 『그러나 이제는 우리 구주 예수 그리스도의 나타나심으로 그것이 드러났으니, 그는 죽음을 폐기하시고 복음을 통하여 ( )과 ( )을 밝히셨느니라』(딤후 1:10).

4. 전도자는 설교자를 말하는데 세상은 성경적인 설교자를 존중한다. (O , X)

5. 『너는 그리스도 예수 안에 있는 믿음과 사랑 안에서, 내게 들은 건전한 말씀들의 본을 굳게 ( ) 우리 안에 거하시는 성령을 힘입어 네게 맡겨진 그 좋은 것을 ( )』(딤후 1:13,14).

■ 새롭게 깨달았거나 적용할 내용이 있다면 적어 보세요. ■

NOTES

NOTES

제3과

그리스도의 군사가 겪는 고난(2:1-12)

『그런즉 너는 예수 그리스도의 훌륭한 군사로서 고난을 견뎌 내라』(딤후 2:3).

강건하라 그리고 맡기라

『내 아들아, 그러므로 너는 그리스도 예수 안에 있는 은혜 가운데서 강건하라. 그리고 네가 많은 증인들 가운데서 내게 들은 것들을 신실한 사람들에게 맡기라. 그들이 또 다른 사람들을 가르칠 수 있으리라』(1,2절).

사도 바울은 젊은 사역자인 디모데에게 지금 강건하라고 권면한다. 그리스도인 특히 사역자는 강건해야 한다. 하나님의 사역은 온갖 박해와 고난으로 점철되어 있기 때문이다. 세상은 바른 말씀과 성경대로 믿고 실행하는 참된 신약 교회와 성경대로 믿는 그리스도인을 반기지 않는다. 그래서 바울은 갈라디아서 5:11에서 『**그러나 형제들아, 만일 내가 지금껏 할례를 전한다면 어찌하여 아직도 박해를 받겠느냐? 그랬더라면 십자가의 거침이 그쳤으리라.**』라고 말하며 그리스도인에게 닥칠 고난들을 기정사실화하고 있다. 따라서 사역자는 강건하되 특히 그리스도 예수 안에 있는 은혜 가운데서 강건해야 한다.

2절에서는 말씀을 가르치는 것의 중요성에 대해 강조하고 있다. 즉, 신실한 사람들에게 말씀을 맡겨 그들로 다른 사람들을 가르칠 수 있도록 해야 하는 것이다. 진리를 가르치는 것이 중요했기에 예수 그리스도께서도 몸소 가르치는 것에 관한 본을 보이셨다(마 7:29; 5:20; 11:1). 이 본을 그대로 따랐던 바울이 지금 말씀을 가르치라고 권면하는 것이다. 사역자, 성경대로 믿는 교사는 다른 그리스도인을 가르쳐 그들이 또 다른 사람들에게 가르칠 수 있도록 양육해야 한다. 만약 가르치는 일을 소홀히 해 이 믿음이 다음 세대로 온전히 전수되지 않았더라면 성경대로 믿는 믿음, 참된 기독교 신앙은 주님께서 부활하신 후 채 200년도 지나기 전에 이 지구상에서 진즉 사라졌을 것이다.

그리스도의 군사로서 고난을 견뎌 내라

『그런즉 너는 예수 그리스도의 훌륭한 군사로서 고난을 견뎌 내라. 전쟁에 임하는 자는 아무도 이생의 일들에 얽매이지 아니하나니 이는 자기를 군사로 뽑은 자를 기쁘게 하려 함이라』(3,4절).

그리스도인은 먼저 구원으로 부르심을 받는다. 그 부르심에 응한 사람들이 주의 군대에 속한 그리스도의 군사가 되는 것이다. 그렇기에 바울은 지금 그리스도인을 예수 그리스도의 군사라고 표현하고 있는 것이다. 전쟁에 임하는 그리스도의 군사로서 싸우는 싸움은 물리적인 싸움이 아니다. 선한 싸움이라고 표현되는 영적인 싸움이다(고후 10:3-6). **예수 그리스도의 훌륭한 군사가 가져야 할 자질 중 하나는 고난을 견뎌 내는 능력이다**. 군사들은 고난을 견뎌내며 단단해져야 한다. 의를 위하여 고난을 당한다면 오히려 복 있는 사람들이니 세상 사람들의 위협에 두려워하지 말고 동요되지 말아야 한다(벧전 3:14). **이 단단함이 밴 굳은 얼굴, 사자의 입은 군인을 대표하는 말이다**. 하지만 이 단단함은 마음의 완고함을 이야기하는 것이 아니다. 특히 하나님을 향해 마음을 완고하게 하라는 것은 더더욱 아니다(히 3:8). 마음이 경직되는 것을 말하는 것도 아니다. 이 단단함은 박해, 욕설, 자금 부족, 변덕이 죽 끓는 듯한 그리스도인들, 교활한 집사들, 교회에서 입을 통제하지 못하는 여자들, 성경을 파괴적으로 비평하는 자들, 잠 못 이루는 밤, 먹을 것과 입을 것의 부족, 세상의 반대, 과학의 반대, 육신의 반대, 철학과 마귀의 반대에 대해 견뎌내는 강철 같은 견고함을 말하는 것이다.

이어지는 4절에서는 전쟁에 임하는 자, 예수 그리스도의 훌륭한 군사, 곧 사역자와 이생의 일들과의 관계를 다룬다(고전 7:28-32). 기본적으로 하나님의 사역자는 하나님께서 주시는 능력과 지혜로 영적인 일들을 수행하지만 이생의 일들, 곧 이 땅에서의 삶은 실제적인 문제들을 등한시 할 수 없게 만든다. 하지만 너무 이생의 일들에 얽매이고, 세상일들에 치우쳐서는 안 된다. 세상일에 너무 바빠서 기도할 수 없다면 그야말로 너무 바쁜 것이다. 세상 일이 너무 바빠서 복음을 증거할 마음조차 없다면 그야말로 너무 바쁜 것이다. 세상일을 하느라 성경 읽을 시간이 없다면 그야말로 너무 바쁜 것이다. 만약 사역자가 이생의 일들에 얽매여서 기도도 못하고, 주님을 증거하지도 못하고, 성경도 못 믿는다면 그 사람은 사역자로서, 예수 그리스도의 훌륭한 군사로서 자기를 뽑은 자, 곧 예수 그리스도를 기쁘시게 하는 사람이 아니다. 그런 사람들은 사역자로서 자격이 없는 사람들이다. 군인은 복장부터 일반 사람들과는 구별되는 독특한 사람들이다. 그렇기에 예수 그리스도의 훌륭한 군사요 사역자는 이생의 이들과도 분리된 독특한 사람이 되어야 한다.

그리스도인인 우리를 군사로 뽑으신 분은 대장이시며(히 2:10), 전사이시고(출 15:3) 전쟁에 능하신 주 하나님이시다. 주님께서는 우리 구원의 대장일 뿐만 아니라, 우리의 삶 가운데서도 마귀와의 전쟁 가운데 승리로 이끄시는 대장되신 분이시다. 우리의 대장께서는 전쟁하기 위해 앞으로 나가신다. “돌격 앞으로”가 아니라 “나를 따르라”고 외치시며 전쟁의 한복판에서 선두로 나가시는 분이시다. 개인과 가정과 교회와 국가의 영적 전쟁에 있어 항상 앞서 나가시며 나를 따라오라고 외치신다. 그분의 훌륭한, 군사 된 그리스도인들은 우리의 구원을 이루신 주 하나님을 목숨을 바쳐 섬길 수 있어야 한다. 이와 같은 자세로, 주님만을 바라보고, 주님만을 사랑하는 마음과 열정을 가지고 또한 잃어버린 혼들에 대한 연민으로 복음을 들고 오지로 떠났던 수많은 선교사들을 볼 수 있다. <u>지금 나를 따라 오라고 외치시며 선두에 나서시는 주님을 보고 우리는 그 어떤 고난과 역경이 닥치더라도 이겨내며 주님을 향한 뜨거운 마음을 가질 수 있어야 할 것이다</u>.

성경에 따른 훌륭한 군사는 다음과 같아야 한다.

1. 열을 흩뜨리지 않아야 한다. 다른 부대와 섞여서는 안 되기 때문이다.
2. 한 가지 이상의 무기에 대해 "전문가"가 되어야 한다. 적군의 무기에 대해서조차 발사, 분해, 결합할 수 있어야 한다.
3. 상황과 지형의 변화에 따른 전술을 구사하는 데 있어서 지혜로워야 한다.
4. 공포에 쌓였을 때 용감히 돌진해야 한다. 싸울 기분이 아닐 때 싸울 수 있어야 한다.
5. 자연 장애물을 넘을 수 있어야 한다. 달리는 것, 기는 방법, 수영, 위장, 행진, 점프하는 법을 알고 있어야 한다.
6. 한쪽 눈과 한쪽 팔을 잃게 될 경우를 대비하여 반대편 손으로 무기를 다룰 수 있어야 한다.
7. 적군의 비행기, 탱크, 군대, 배, 군대의 움직임을 식별할 수 있어야 한다.

『또 이기려고 애쓰는 사람이 규칙대로 하지 아니하면 면류관을 얻지 못하리라. 수고하는 농부가 먼저 그 소출에 동참함이 마땅하니라. 내가 말하는 것을 숙고해 보라. 주께서 너에게 모든 일에 명철을 주시기 원하노라』(5-7절).

그리스도인을 군사로 묘사했던 바울은 이제 그리스도인을 경주자로 또 농부로 묘사하고 있다. 우선 경주자로서 경주에 임하는 사람은 이기려고 애쓰는 마음이 있어야 한다. 그런데 간혹 만족할 줄 아는 경건이 필요하다며 자신은 구원받은 것으로 만족한다고 말하는 그리스도인들이 있다. 하지만 하나님께서는 상을 얻게 되도록 달리라고 말씀하신다(고전 9:24). 따라서 구원받은 것으로만 만족한다는 것은 하나님의 뜻을 무시하며, 겸손하게 보이려 하는 일종의 자기 비하일 뿐이다. 세계 최고의 메달리스트들의 뒷이야기들을 읽어 보라. 그들은 자기 자신들의 영광을 위해 노력하지만, 그리스도인은 하나님의 영광을 위해 노력한다. 보다 더 적극적인 자세로, 보다 더 열정적인 자세로 임해야 한다. 하지만 주의할 것은, 적극적이고 열정을 갖되 "규칙대로" 해야 한다는 것이다. 하나님에 대한 열성은 있으나 지식대로, 성경대로, 말씀대로 하지 않으면 그 열성은 하나님의 사역에 대한 자신의 욕망으로 말미암아 스스로를 분리시키고 스스로 혼잡케 되어 자멸하고 말게 될 것이다(롬 10:2, 잠 18:1). 성경대로, 성경의 원칙대로, 성경의 교리대로, 세대주의적으로 올바로 나누어서 말씀을 공부하고 또 배운 말씀대로 실천해야 하는 것이다.

그리스도인은 또한 농부로서의 자세도 갖추어야 한다. 들의 곡식은 농부의 발소리를 듣고 자란다는 말이 있다. 그만큼 자신의 경작지에 공을 들여야 한다는 말이다. 공을 들인 만큼 소출을 내야 한다. 경기에 임하는 자가 면류관을 얻도록 달리는 것과 같이 농부는 반드시 소출을 내야 한다. 여우가 들어오지 못하도록 울타리를 튼튼히 만들고, 망대를 세워야 한다. 그렇게 수고하는 농부가 먼저, 소출에 동참하는 것이 마땅하다. 그렇기에, 농부로 묘사하는 말씀에서는 사역에 있어 수고해야 함을 알려 주고 계신다. 수고한다고 무엇인가를 손해 본다고 생각해서는 안 된다. 주님께서는 반드시 수고한 자의 땀을 잊지 않으신다. 보상하는 분이심을 마땅히 믿어야 하는 것이다(히 11:6). 열매를 생산할 때 열매에 참여하는 첫 번째 사람은 바로 그 일을 했던 사람인 것이다.

사역에 있어서 그리스도의 군사로서 필요한 것은 고통 · 고난 · 고충 견뎌 내기, 자기 부인, 훈련, 순종, 강인함, 용기 등이다. 경주자로서 필요한 것은 자기 훈련, 연단, 정직, 노력, 집중, 동기, 자기 부인, 주의 등

이다. 농부로서 필요한 것은 땀, 금연, 현재 일에 대한 주의력, 조심성, 관심, 기도 등이다. 쉽지 않아 보인다고 주저앉아서는 안 된다. 그리스도의 군사로 주의 부르심을 받아 나선 성도는, 능력 주시는 주의 능력을 힘입어 이 모든 고난을 이겨 내야 한다. 주저앉지 말라! 굳게 서서 싸우라! 군인이 싸우지 않는다면 승리가 없다. 투쟁하라! 운동선수가 투쟁을 하지 않는다면 이길 수 없다. 마찬가지로 수고하여 일하라! 농부가 일을 하지 않는다면 거둘 것이 없다. 하나님께서는 그리스도인이 할 수 없는 일을 하라고 요구하지 않으신다는 사실을 잊지 말라!

그리스도와 함께 하는 고난

『나의 복음대로 다윗의 씨인 예수 그리스도께서 죽은 자들로부터 일으켜지셨음을 기억하라. 이 복음으로 인하여 내가 악을 행하는 자처럼 매여서까지 고난을 받고 있으나 하나님의 말씀은 매이지 아니하느니라. 그러므로 내가 택함받은 자들을 위하여 모든 것을 참음은 그들도 그리스도 예수 안에 있는 구원을 영원한 영광과 함께 얻게 하려 함이라. 이 말씀은 신실하도다. 우리가 그와 함께 죽었으면 또한 그와 함께 살리라. 우리가 참으면 우리도 그와 함께 다스릴 것이요 우리가 그를 부인하그도 우리를 부인할 것이라. 우리가 믿지 아니하여도 그는 항상 신실하시니, 그는 스스로를 부인하실 수 없음이라』(8-13절).

8절에서 "나의 복음"(롬 2:16)이란 하나님께서 계시를 통하여 바울에게 계시해 주신 복음이다(고전 15:1-6). 여기에는 "복음"에 해당하는 기본적인 사실들

(죽으심, 묻히심, 부활하심)뿐만 아니라 그 복음에 수반되는, 바울에게 주어진 계시들도 포함된다. 그래서 바울은 성경에서 이 복음을 "나의 복음"이라고 종종 말한다. 나의 복음대로 다윗의 씨, 곧 왕으로 오신 예수 그리스도께서 죽은 자들로부터 일으켜지셨다는 이 사실을 기억하라고 말씀하신다.

10절에서는 택함받은 자들을 위해 모든 것을 참는다고 말씀하신다. 이 말씀에 따르면 칼빈주의자들은 매우 어리석은 자들이다. 왜냐하면 그들의 교리에 따르면 택함받은 모든 사람은 모든 것을 참든지 참지 않든지 간에 모두 구원받을 것이기 때문이다. 칼빈주의자들은 특히 10절 말씀과 연관시켜 "영원한 영광과 함께"라는 말을 무시한 채 "내가 모든 것을 인내하는 것은 택함받은 자들이 구원에 이르게 하려 함이라."라는 식으로 읽는다. 이 역시 허튼소리일 뿐이다. 왜냐하면 칼빈이 만들어 놓은 체제 안에는 "택함받은 자들"이 아담 이전에 구원받도록 예정되었기 때문이다. 따라서 칼빈은 틀렸다. 본문에서 말하는 것은 선택받은 자들이 구원 외에 무엇인가를 더 얻는 것을 말하고 있다. 바울은 회심한 자들을 위해 고난을 받고 있는데 그 시점은 회심한 자들이 구원받은 후이다(갈 4:19, 빌 1:7-10, 고후 6:11-13). 그 목적은 회심자들이 새 예루살렘에서 이미 받기로 예약되어 있는 것 외에 다른 또 어떤 것을 얻게 하기 위함이다. 즉, 본문에서 말하는 고난은 사역을 완성하는 것과 관계가 있는 것이다. 사람들을 그리스도께로 이겨온 다음, 그들이 믿음 안에 터를 잡고 뿌리를 내릴 수 있도록 잘 가르쳐야 하는 것이다.

따라서 10절에서 영원한 영광은 12절 문맥에서 천년왕국에서의 통치권과 보상들이 포함된다. 통치에 대한 조건은 고난받는 것이다(12절). 통치에 대한 조건은 섬김이다. 영광 가운데 통치하는 것은 얻어야 할 보상이지 "택함받은 자들이 구원받는 것"과는 전혀 상관없다. 12,13절이 "택함받은 자들의 구원"을 말하는 것이라면 이 두 구절은 분명 상충된다. 12절에서는 그가 당신을 부인할 것이라고 말한다. 그런데 13절에서는 그는 당신을 부인할 수 없다고 말한다.

이는 두 가지 서로 다른 대상을 설명하는 것임이 너무나 분명하다. 즉 "영원한 영광"은 구원 이상의 것이다. 영원한 영광에는 천년왕국에서의 통치가 포함되기에 그 다음으로 즉시 천년왕국에서의 상속이 언급된다.

12절 말씀대로 우리가 참으면 우리도 그와 함께 다스릴 것이다. 하지만 지금 이 시대는 십자가를 지는 시대이지 면류관을 받아 쓰는 시대가 아니다. 통치하기 위해서는 로마서 8:17,18에 있는 것처럼 먼저 고난을 받아야 한다. 그런데 12절 말씀에서처럼 그리스도께서는 누군가가 통치하는 것을 부인하신다. 예수님께서 누가복음 19:22-26에서 말씀하신 것과 똑같다. 더군다나 13절 말씀대로, 우리가 믿지 아니하여도 그는 항상 신실하시니, 그는 스스로를 부인하실 수 없다. 예수 그리스도께서는 거듭난 하나님의 자녀를 쳐다보고 "나는 너희를 전혀 알지 못하니 내게서 떠나가라."(마 7:23)라고 절대로 말씀하지 않으신다. 따라서 12절은 고난을 통해 얻게 되는 보상(천년왕국에서의 유업)과 관련된 언급인 것이다.

■ 새롭게 깨달았거나 적용할 내용이 있다면 적어 보세요. ■

제3과 복습문제

1. 『내 아들아, 그러므로 너는 그리스도 예수 안에 있는 은혜 가운데서 (　　　　　)하라』(딤후 2:1).

2. 『그런즉 너는 예수 그리스도의 훌륭한 군사로서 (　　　　　　　)을 견뎌 내라』(딤후 2:3).

3. 『또 이기려고 (　　　　　　)는 사람이 (　　　　　　)대로 하지 아니하면 면류관을 얻지 못하리라』(딤후 2:5).

4. 『(　　　　　)하는 농부가 먼저 그 소출에 동참함이 마땅하니라』(딤후 2:6).

5. 『우리가 참으면 우리도 그와 함께 (　　　　　　)릴 것이요 우리가 그를 부인하면 그도 우리를 부인할 것이라』(딤후 2:12)

■ 새롭게 깨달았거나 적용할 내용이 있다면 적어 보세요. ■

NOTES

NOTES

제4과
올바로 나누어 공부하라
(2:14-19)

『네가 진리의 말씀을 올바로 나누어 자신이 하나님 앞에 부끄럽지 않은 일꾼으로 인정받도록 공부하라』(딤후 2:15).

올바로 나누지 못해서 생긴 일

십자군 전쟁, 마녀사냥과 종교 재판, 위그노 대학살, 뮌스터 사건, 30년 전쟁 등의 수많은 비극의 궁극적인 배경은 성경을 올바로 나누지 못한 것이었다. 이스라엘과 하나님의 교회를 나누지 못한 사람들은 교회를 통해 이 땅에서 구약적인 신정통치를 실행하려고 들었다. 물리적인 왕국인 천국(마 5:3-12; 11:12)과 영적인 왕국인 하나님의 나라(눅 17:20,21, 롬 14:17)를 나누지 못한 사람들은 "물리적인 방법"으로 하나님의 나라를 확장하려 들었다. 성경을 올바로 나누지 못한 사람들은 밀라노 칙령(A.D. 313)을 기점으로 그리스도인들에 대한 박해가 종식되자 "영적으로" 왕국(천국)이 임했다고 믿었으며, 이제 칼과 십자가가 그려진 깃발을 들고 행진해서 자신들에게 동조하지 않는 자들을 쓸어버리는 것이 하나님의 뜻이라고 믿었다. 이런 자들에 의해 "하나님의 이름으로" 수천만 명의 무고한 사람들의 목숨이 희생되었다(요 16:2 참조). 성경을 올바로 나누지 못한 대가는 이처럼 무서운 것이었다.

■ 새롭게 깨달았거나 적용할 내용이 있다면 적어 보세요. ■

부활과 통치의 약속을 기억하라

『사람들에게 이런 일들을 일깨워 주어 말씀들에 관해 다투지 말라고 주 앞에서 당부하라. 이는 아무런 유익함도 없고 오히려 듣는 자들을 파멸시킴이니라』(2:14).

14절에서 말씀하시는 "이런 일들"이란 문맥적으로 부활과 그때에 함께 있을 보상을 의미한다. 즉 사도 바울이 디모데에게 주문했던 것은 미래의 약속의 확실함을 성도들에게 기억하게끔 함으로써, 이런 일에 관해서는 다툼의 여지가 없게 하라는 것이었다. 바울이 디모데에게 이러한 권면을 주어야 했던 까닭은 부활과 심판이라는 기초적인 교리조차(히 6:1,2) 제대로 알지 못하면서 "선생"으로 자처하는 자들이 당대에 위명을 떨치고 있었기 때문이다. 자세한 내용은 후술(後述)하겠지만 이들은 부활과 유업에 대한 성도들의 믿음을 파괴하는 자들이었다.

주님을 위해 현재의 고난을 기꺼이 견뎌 내는 성도들에게는 "더 좋은 부활"(히 11:35)이 주어질 것이라는 약속은 고난을 기쁨으로 승화시키는 촉매제이다. 따라서 그 약속을 믿는 믿음이 희미해지면 고난의 무게에 허덕이는 비참한 인생을 살거나(고전 15:19), 아예 주님의 고난의 발자취를 따르는 일을 중단하고 세상 사람들처럼 "우리도 먹고 마시자. 내일이면 죽으리라."(고전 15:32)라고 고백하는 인생으로 전락하는 수밖에 없다. 이와 같은 수순을 따라 그 믿음이 전복당하는 성도들이 속출하고 있는 엄중한 상황이었기에(17,18절), 성도들에게 소망을 회복시켜 주고 그 거짓 교사들의 입을 막아(딛 1:11 참조) 더 이상 그런 오류가 떠돌지 못하도록 할 필요가 있었던 것이다.

성경을 올바로 나누어 공부하라

『네가 진리의 말씀을 올바로 나누어 자신이 하나님 앞에 부끄럽지 않은 일꾼으로 인정받도록 공부하라』(2:15).

15절의 말씀은 거짓 교사들이 퍼뜨려 놓은 누룩을 청소해야 할 임무를 부여받은 디모데에게 바울이 준 권면이었다. 그들의 교리는 신약 교회 시대 성도들의 부활이란 이미 지나간 과거의 사건이라는 것이었다(18절). 그들은 부활이란 "거듭남"을 의미할 뿐 문자적인 것이 아니며, 만일 문자적인 부활이라는 게 있다고 해도 소위 최후의 심판 때에 있을 "마지막 날의 부활"(욥 19:25-27, 요 11:24)외에는 없다고 믿었다. 오리겐(성경 변개자), 어거스틴(로마 카톨릭 교리의 화신), 칼빈(개신교의 교황)과 그들의 뒤를 따른 학자들 또한 이와 같은 믿음을 가지고 있는데, 이를 무천년주의라고 한다.

만일 무천년주의가 옳다면 성도들은 앞서 언급한 것과 같은 심각한 문제에 봉착할 수밖에는 없다. 부활이 "과거"의 일이라면 주님과 함께 죽고 살아서 받는 통치에 관한 약속(10-13절)은 "현재"에 적용되어야 하기 때문이다. 아닌 게 아니라 무천년주의자들은 성도들이 현 세상에서 영적으로 통치하고 있다고 가르친다. 천년왕국에서의 문자적인 통치를 부인하는 것이다. 그들은 그렇게 교인들에게서 부활과 천년왕국에서의 유업이라는 소망을 강탈하고, 이 세상에서의 "왕국 건설", 즉 교세 확장에만 열을 올리게끔 한다. 교인들은 그렇게 교단의 노예가 된다(벧후 2:19). 아무리 일을 해도 이렇다 할 보상도, 미래에 대한 희망도 없고 맹목적으로 노동력만 제공할 뿐이니 노예라는 표현이 적절하기 그지없다고 하겠다(히 6:10은 그러한 신앙의 오류를 잘 지적해준다).

무천년주의자들의 주장과는 달리, 주 예수님께서는 "마지막 날의 부활" 외에도 "믿는 사람들만의 부활"이 따로 있을 것임을 말씀하셨다(요 11:25,26). 사도들도 같은 진리를 가르쳤고, 그 일이 과거의 시점이 아니라 주님께서 공중에 오시는 미래의 시점에 있을 것임을 분명하게 밝혔다(고전 15:52-54, 요일 3:2). 주 예수님을 믿고 구원받은 성도들은 큰 백보좌에서 심판을 받기 위해 "부활"(계 20:11-15)하는 사람들보다 적어도 1,000년은 앞서 부활하여 주 예수님과 똑같은 완벽한 몸으로 변모될 것이다. 천년왕국에서 왕들로서 통치해야 하기 때문이다. 물론 실제로 통치할 유업(땅)을 얻기 위해서는 현 시대에 주님을 위해 고난을 견딘다는 전제가 있어야 하겠지만, 그 신분에 있어 문자적인 "왕들"이 된다는 사실만큼은 분명하다(계 1:6,7).

성경은 특별히 신약 교회 시대 성도들의 부활 직후에는 휴거가 뒤따를 것임을 말씀하시는데(살전 4:13-18), 문맥과 함께 살펴보면 이는 현 시대를 살아가는 그 어떤 성도라도 결코 대환란에 들어가지 않을 것이라는 사실을 뒷받침한다는 것을 알 수 있다(살전 5:9; 1:10). 교회 시대의 성도들은 지옥에 간다거나, 구원을 잃는다거나, 휴거되지 못하고 대환란에 들어간다거나 하는 등의 "하나님의 진노"를 받을까 두려워하면서 노예처럼 "어쩔 수 없이" 하나님을 섬겨야 하는 입장에 있지 않다. 이러한 진리는 19절에도 잘 드러나 있다. 바울은 이와 같은 "전복당하지 않은 믿음"을 "하나님의 기초"라고 표현하면서 그것을 지키는 봉인이 있음을 이야기 하는데, 간추려 보자면 구원의 영원한 보장과 성별의 당위성이다.

요컨대 우리는 확실한 구원의 보장을 가졌기에, 주님을 향한 감사와 사랑, 그리고 유업의 상에 대한 사모함으로 기꺼이 주님을 섬기고자 하고, 그 일을 위해 자신을 정결하게 예비하는 것이다(21절). 이는 성경을 올바로 나누어 공부한다면 자연스레 도달하게 되는 믿음인데, 이를 전천년주의, 더 정확하게는 세대주의적 전천년주의라고 한다.

다음은 교회 시대 성도들의 부활, 휴거, 통치에 관해 주요한 체계들, 곧 무천년주의, 후천년주의, 역사적 전천년주의, 세대주의적 전천년주의가 각각 설명하는 바를 간략하게 도식화한 것이다.

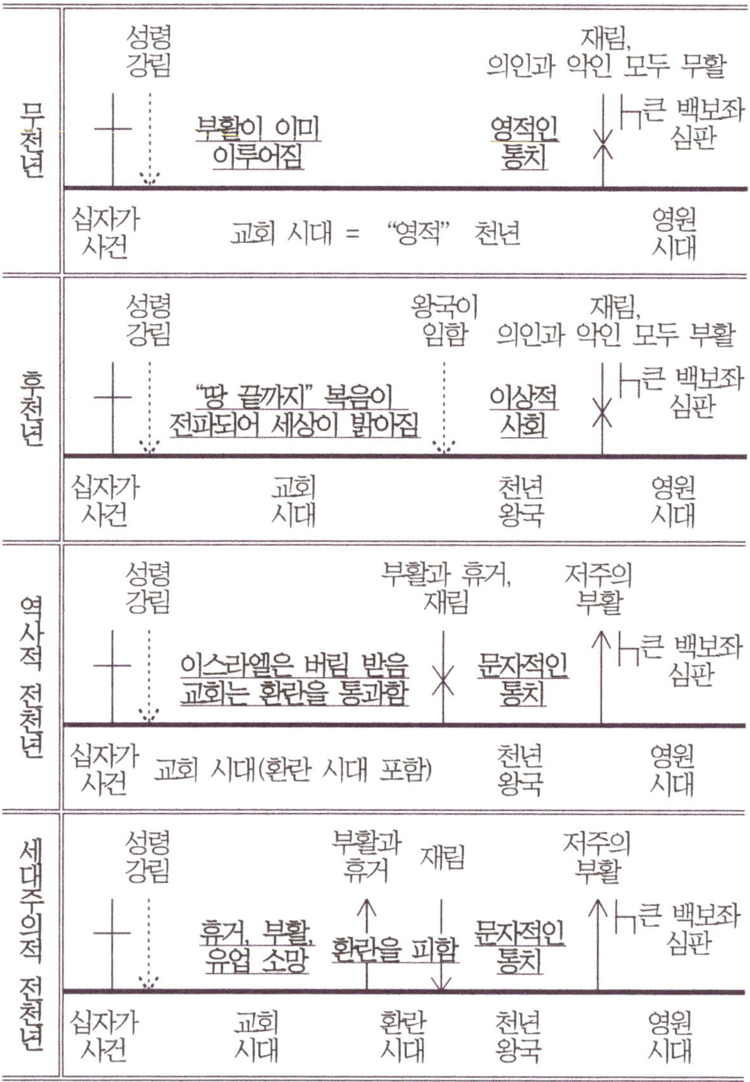

세간에서는 세대주의적 전천년주의를 19세기 이후에 등장한 "신생 신학"처럼 취급하기도 하는데, 이는 참된 "정통 신학"에 대한 무지의 소치일 뿐이다. 소위 2,3세기에 활동했던 "교부들" 또한 대부분이 전천년주의자들이었고, 당대의 성경대로 믿는 사람들이었던 노바티안(3세기), 도나티스트(4세기), 폴리시안(7세기), 알비겐스(7세기), 보고마일(7세기), 왈덴시안(11세기), 재침례교도(16세기), 경건파(17세기), 모라비안(18세기) 등도 모두 전천년주의적인 믿음을 가지고 있었다. 플리머스 형제단의 존 넬슨 다비가 등장하기 전에도, 스코필드, 라킨, 췌이퍼, 아이언사이드, 앤더슨 경, 럭크만 등의 잘 알려진 세대주의적 전천년주의자들이 등장하기 전에도 이런 믿음은 사도 시대부터 그 맥이 끊이지 않고 늘 있었던 것이다.

성도들을 가르치는 데에 수고했다고 할지라도, 그 교리가 무천년주의와 같은 이단 교리라면 하나님께 인정받기는커녕(고전 11:19) 그리스도의 심판석에서 부끄러움을 당할 일만 남게 된다. 이런 점을 잘 알고 있던 바울은 디모데에게 그런 대열에 동참하지 않고 그 오류를 바로잡을 실력을 갖추려면 "네가" 하나님의 말씀을 올바로 나누어 "공부해야" 한다고 말하고 있다(변개된 성서들은 이 진리를 부인한다). 제아무리 좋은 주석서를 보고 강의를 듣는다고 해도, 그것이 "자신의 성경 공부"가 되지 않으면 안 된다. 성도는 어떤 "신학 체계"나 누군가의 "해석"을 공부하는 사람이 아니라, 스스로 성경 자체를 공부하는 사람이어야 한다(사 29:11-14 참조).

■ 새롭게 깨달았거나 적용할 내용이 있다면 적어 보세요. ■

말장난을 버리고 성별을 실행하라

『비속하고 허황된 말장난을 버리라. 이는 그것들이 더욱 불경건함으로 나아갈 뿐이니라. 그들의 말은 종창처럼 퍼져 나갈 것이며 그들 가운데는 후메내오와 필레토가 있느니라』(2:16,17).

무천년주의의 교리는 마치 담배나 마약과도 같은 것이어서 백해무익하면서도 엄청난 파급력을 가지고 있었다(17절). 그러한 교리는 성도들이 불경건함으로 나아가도록 종용하고, 경건에 따른 유익(딤전 4:8)을 얻지 못하도록 만듦에도 불구하고 꽤 인기를 끌었던 것이다. 인간에게는 이미 계시된 절대적인 진리를 붙드는 것보다 지적인 유희와 우월감 등을 주는 "새로운 것"을 계속해서 추구하는 못된 본성이 있다(행 17:21, 고후 11:4). 성도는 이를 늘 경계해야 한다.

본문은 후메내오와 필레토라는 "실명"을 거론하면서 그들이 퍼뜨린 교리를 비판한다. 어떤 이들은 기독교계 유명 인사들의 실명을 언급하며 비판하는 성경대로 믿는 설교자들을 불편해 하기도 하지만, 따지고 보면 그들이 불편해 하는 것은 그들의 설교가 아니라 성경 그 자체인 셈이다. 성경은 하나님의 종이라면 응당 일벌백계의 수단으로서, 그리고 추가적인 피해를 방지하는 수단으로서 때로 사람들에게 면박을 준다거나 실명을 거론하며 그 죄상을 드러낼 줄도 알아야 한다고 말씀하기 때문이다(삼하 12:7-12, 갈 2:11-14, 딤후 4:10,14).

하나님께서는 그런 자들로부터의 성별을 명령하시면서 "죄악에서" 떠나라고 말씀하셨다(19절). 이러한 자들과의 사귐은 좋은 행실을 부패시키며(고전 15:33), 진노를 사기에 합당한 일인 데다(대하 19:2) 죄악이기까지 하다. 이어지는 문맥과 함께 살펴보면 교리적인 성별이란 심지어 정욕을 피하는 도덕적인 성별(22절)보다도 우선시된다는 것을 알 수 있다. 하나님께서는 교리적인 성별을 그만큼 중요하게 여기시는 것이다(롬 16:17, 딤전 6:3-5, 딛 3:9-11).

이러한 진리에 무지한 자들은 때로 소위 "초교파적인 사역"을 운운하곤 하는데, 그들은 장차 그리스도의 심판석 앞에 섰을 때(설 수 있다면 말이다) 아마 "초교파"라는 말과 "사역"이라는 말이 얼마나 동떨어진 말이었는지를 깨닫고는 창피해서 까무러치고 말 것이다.

나누시는 분이신 하나님

하나님께서 현재의 우주를 창조하실 때에 가장 먼저 하셨던 일은 빛을 창조하시고 그 빛을 어두움에서 "나누시는" 것이었다. 하나님께서는 혼란의 창시자가 아니시기에(고전 14:33), 물로 인해 엉망이 되었던 창조 세계의 질서를 "나누는 일" 을 통해 회복하시면서 창조 사역을 펼쳐 나가셨던 것이다. 하나님께서 아예 "합치는 일" 을 하지 않으시는 것은 아니지만, 그분께서는 본질적으로 경계와 규모, 그리고 분명한 기준을 정하셔서 만물을 "나누시는 분"이시다(욥 38:11, 시 104:9, 잠 8:27-29, 창 15:18-21, 눅 12:51-53, 행 17:26). 그리고 하나님께서는 경계를 설정하시고는 그 선을 지킬 것을 인간에게 여러 차례에 걸쳐 경고하셨고(사 5:20, 신 2:5; 27:17, 고후 6:14-18), 선을 넘으면 죽는다는 경고를 주신 적도 있다(출 19:12). 말씀의 칼 앞에서는 패망과 흥성이(눅 2:34,35), 사망과 생명이(요 5:24), 하나님의 편과 하나님의 대적 편이(수 5:13-15) 분명하게 나누어진다. 따라서 우리는 결코 차지도 않고 덥지도 않으며(계 3:16), 어떤 문제에 대해서도 똑 부러지게 이야기하지 못하는 기회주의자(마 21:24-27, 행 5:38,39)가 되어서는 안 된다. 그런 자들은 결코 "나누시는 분" 이신 주님과 동행할 수 없기 때문이다.

제4과
복습문제

1. 전천년주의자들은 밀라노 칙령(A.D. 313)을 기점으로 영적으로 왕국이 임했다고 생각하고 왕국을 확장하려고 했다. (O , X)

2. 『사람들에게 이런 일들을 일깨워 주어 말씀들에 관해 다투지 말라고 주 앞에서 당부하라. 이는 아무런 (   )함도 없고 오히려 듣는 자들을 파멸시킴이니라』(딤후 2:14).

3. "마지막 날의 부활"(욥 19:25-27, 요 11:24) 전에는 문자적인 부활이 없다. (O , X)

4. 『네가 진리의 말씀을 (   ) 자신이 하나님 앞에 부끄럽지 않은 일꾼으로 인정받도록 공부하라』(딤후 2:15).

5. 복음 전파와 같은 대의를 위해서라면 초교파적인 사역 또한 허용될 수 있다. (O , X)

■ 새롭게 깨달았거나 적용할 내용이 있다면 적어 보세요. ■

NOTES

NOTES

第5과

의와 믿음과 사랑과 화평을 추구하라 (2:20-26)

『너는 또한 젊음의 정욕을 피하고 오직 순수한 마음으로 주를 부르는 사람들과 함께 의와 믿음과 사랑과 화평을 추구하라』(딤후 2:22).

성별된 그리스도인에게 요구되는 자격

디모데후서 2장 후반부에서 사도 바울이 디모데에게 강조하는 것은 "깨끗함," "순수함," "온유함"이다.

첫째는 "하나님" 을 향한 자세로서, 하나님께 쓰임받는 귀한 그릇이 되기 위해 "**깨끗함**"을 유지해야 한다는 것이다. 하나님께서는 깨끗하지 않은 그릇은 사용하지 않으신다.

둘째는 "**순수한 마음으로 주를 부르는 사람들**," 즉 동역하는 그리스도인들과 함께하는 자세로서, "**순수함**"을 유지해야 한다는 것이다. 동역자 그리스도인들과 함께 사역에 임할 때, 사역에 임하는 동기와 의도, 다른 성도를 대하는 자세에서 탐심이나 거짓이나 가식 없이 "**순수함**"을 유지하지 않으면, 그 사역은 "**나**"로부터 무너지기 시작할 것이다.

셋째는 모든 사람, 특히 "**반대하는 자들**," 즉 믿지 않는 자들이나 이단들을 향한 자세로서, "**온유함**"을 유지해야 한다는 것이다. 『**이는 사람의 성내는 것이 하나님의 의를 이루지 못함이니라.**』(약 1:20)라는 말씀처럼 반대하는 자들에 대해 거친 대응은 반발심만을 일으킬 수도 있음을 항상 염두에 두어야 한다.

■ 새롭게 깨달았거나 적용할 내용이 있다면 적어 보세요. ■

쓰임받는 그릇이 되기 위한 자격 "깨끗함"

『큰 집에는 금과 은으로 만든 그릇들뿐만 아니라 나무와 진흙으로 만든 그릇들도 있어, 어떤 것들은 귀히 여기고 어떤 것들은 천히 여기느니라. 그러므로 이런 것들에서 자기를 깨끗하게 하는 사람은 귀한 그릇이 되어 거룩하여지고 주인이 쓰기에 합당하며, 모든 선한 일을 위하여 예비되느니라』(2:20,21).

그릇 자체가 가지고 있는 원래의 "귀천"(貴賤)이 있을 수 있다. 그러나 그릇의 본질적 가치는 "무언가를 담을 수 있는가?"의 "가능성"에 좌우된다. 아무리 금 그릇이라도, 더러워진 그릇은 "담는 용도"로는 사용될 수 없다. 진흙으로 만든 그릇일지라도 깨끗한 그릇은 귀한 것을 담는 데 사용될 수 있으며, 귀한 것을 담고 있는 동안은 귀하게 대우받는다. 깨끗해야 쓸모 있다고 여겨지며(『**주인이 쓰기에 합당하며**』), 깨끗해야 다음에 좋은 것을 담을 그릇으로 주인의 행사 준비 목록에 들어갈 수 있다(『**모든 선한 일을 위하여 예비되느니라.**』). 설거지가 안 된 그릇에 음식을 담아 잔칫상에 내놓는 주인은 없다.

하나님께서는 그릇들을 만드실 때, 그 그릇의 "귀천"(貴賤)을 정하는 권한을 가진 분이시다. 『**토기장이가 같은 진흙덩이로 하나는 귀히 쓸 그릇을, 하나는 천하게 쓸 그릇을 만들 권한이 없겠느냐?**』(롬 9:21) 귀하게 만들어졌든, 천하게 만들어졌든 용도에 맞게 쓰이느냐 아니냐의 문제의 핵심은 그 그릇이 깨끗한가 아닌가에 달려 있다. 그뿐만 아니라 하나님께 자신을 완전히 내드린 헌신된 그리스도인은 그에게 어떤 손상이 있을지라도 다시 빚어서 쓰실 수 있다. 『**그가 진흙으로 만든 그 그릇이 그 토기장이의 손에서 손상을 입었으니 그 토기장이가 그것을 만들기에 좋게 보이는 대로 그것으로 다른 그릇을 다시 만들**

더라』(렘 18:4).

그릇이 어떤 대우를 받느냐는 그 그릇이 어떤 재질로 만들어졌느냐에 있지 않고, 그 그릇이 무엇을 담고 있느냐에 달려 있다. 성경은 『**그러나 우리가 이 보물을 질그릇에 가졌으니 이는 그 능력의 탁월하심이 하나님께 있는 것이지 우리에게 있는 것이 아님이라.**』(고후 4:7)라고 말씀하신다. 여기서 『**보물**』은 예수 그리스도이시며, 우리는 질그릇이다. 질그릇은 그릇 자체만으로는 귀하지 않다. 그러나 우리는 우리 안에 예수 그리스도를 담고 있으며, 그렇기에 하나님께서 귀하게 대우해 주시는 것이다. 『**그러나 너희는 선택받은 세대요 왕 같은 제사장이며, 거룩한 민족이요, 독특한 백성이니, 이는 너희를 어두움에서 불러내어 그의 놀라운 빛으로 들어가게 하신 분의 덕을 너희로 선포하게 하려는 것이니라**』(벧전 2:9).

동역자로서의 자격 "순수함"

『너는 또한 젊음의 정욕을 피하고 오직 순수한 마음으로 주를 부르는 사람들과 함께 의와 믿음과 사랑과 화평을 추구하라』(2:22).

1. 젊음의 정욕을 피하라.

젊은 사람은 신체적 능력이 좋은 상태이기 때문에 자신이 원하는 것을 실행할 수 있는 에너지가 충만하다는 장점이 있다. 그래서 목표를 잘 선정하여 시간과 에너지를 집중하면, 어린 사람이나 늙은 사람에 비해 더 많은 성과를 낼

수 있다. 반면에 경험이나 판단의 미숙으로 자신의 시간과 에너지를 가치 없는 목표에 사용하면, 더 좋은 성취를 이룰 수 있었던 기회들을 놓치게 되어 "그리스도의 심판석"에서 받을 수 있었을 상들을 못 받게 될 수도 있다.

젊은 사람들이 일반적으로 어린 사람들이나 늙은 사람들에 비해 좀 더 강하게 끌리는 욕구에는 "**성욕**," "**연애 감정을 느끼고 싶은 욕구**," "**향상심**," "**성취욕**," "**인정 욕구**" 등이 있다. 욕구가 강하면 강할수록 욕구를 충족하지 못했을 때 오는 좌절감도 크기 때문에, 좌절하지 않기 위해 과도하게 집착하거나 무리하게 추진하는 경우도 있고, 반대로 좌절하지 않기 위해 애초에 시도조차 하지 않고 포기하기도 한다. 그러나 이러한 욕구들이 모든 인간에게 자연스러운 것일지라도, "**하나님의 뜻 안에서 절제되고 충족되는 것**"이 아니면 그리스도인 자신에게 해로운 것이다. 젊은 사람들은 이러한 욕구들을 잘 통제하지 못하고 무절제해질 가능성이 좀 더 높다. "**하나님의 뜻 안에서 절제되고 충족되지 않는 것**"은 단순한 욕구나 욕망이 아니고 『**정욕**』이라고 불린다. 이러한 "정욕" 중에서 젊은 사람이 빠지기 쉬운 "정욕"을 사도 바울은 『**젊음의 정욕**』이라고 칭하면서, 젊은 사역자 디모데에게 『**젊음의 정욕**』을 피하라고 명령하고 있다.

『**젊음의 정욕**』도 결국 『**세상의 정욕**』(요일 2:17) 안에 포함되어 있으며, 우리는 세상 정욕들을 거부하고 영원한 생명과 재림을 소망하는 삶을 살아야 한다. 『**세상도, 세상에 있는 것들도 사랑하지 말라. 누구든지 세상을 사랑하면 아버지를 사랑함이 그 안에 있지 아니하니 이는 세상에 있는 모든 것이 육신의 정욕과 안목의 정욕과 생의 자랑이요, 아버지께 속한 것이 아니라 세상에 속한 것이기 때문이라. 세상도, 세상의 정욕도 사라지지만 하나님의 뜻을 행하는 자는 영원히 거하느니라**』(요일 2:15-17). 『**우리를 가르치시되, 불경건과 세상 정욕들을 거부하고, 우리로 신중하며, 의롭고 경건하게 이 현 세상을 살아가게 하시며, 그 복된 소망, 곧 위대한 하나님이신 우리 구주 예수 그리스도의 영광스러운 나타나심을 기다리게 하셨음이니**』(딛 2:12,13).

구원받은 그리스도인이 세상의 정욕을 행하는 것은 구원받기 전 『**진노의 자녀**』였던 시절로 되돌아가려는 것과 같다. 『**그들 가운데서 우리 모두가 이전에는 우리 육신의 정욕들 가운데서 행하였으며 육신과 마음의 욕망들을 이루어 다른 자들과 마찬가지로 본래 진노의 자녀였느니라**』(엡 2:3). 우리가 세상의 정욕의 영향에서 벗어나려면, 세상의 정욕을 의지적으로 "**멀리해야**" 하고, "**성령 안에서 행해야**" 한다. 『**사랑하는 자들아, 타국인 같고 순례자 같은 너희에게 권고하노니 혼을 거슬러 싸우는 육신의 정욕들을 멀리하라**』(벧전 2:11). 『**내가 이것을 말하노니 성령 안에서 행하라. 그리하면 너희는 육신의 정욕을 이루지 아니하리라**』(갈 5:16).

2. 순수한 마음

"**순수**"의 사전적 의미는 "**전혀 다른 것의 섞임이 없음**" 또는 "**사사로운 욕심이나 못된 생각이 없음**"을 뜻한다. 그러므로 "**순수한 마음**"은 "**탐심, 거짓, 가식이 없는 마음**"을 의미한다. 그리스도인이라면 누구나 하나님 앞에서 탐심이나 거짓이나 가식이 없어야 하며, 하나님의 사역에 임할 때에도 탐심이나 거짓이나 가식이 없는 순수한 마음으로 임해야 한다. 아울러 하나님의 사역에 함께 임하는 동역자들에게도 탐심이나 거짓이나 가식 없이 함께해야 한다. 이것이 이 구절에서 그냥 『**주를 부르는 사람들과 함께... 추구하라.**』라고 하지 않으시고 『**순수한 마음으로 주를 부르는 사람들과 함께... 추구하라.**』라고 기록하신 의도이다.

3. 젊은 사역자가 우선적으로 추구해야 할 것들

1) 『**의**』: 영적인 상태로서의 『**의**』는 "**죄가 없는 상태**"를 의미하며, 행위로서의 『**의**』는 "**하나님의 뜻에 따른 옳은 일**"을 의미한다. 『**곧 하나님의 의는 예**

수 그리스도를 믿음으로 인한 것으로 모든 자와 믿는 모든 자에게 미치나니 차별이 없느니라. 이는 모든 사람이 죄를 지었으므로 하나님의 영광에 이르지 못하다가 그리스도 예수 안에 있는 구속을 통하여 그의 은혜로 값없이 의롭게 되었음이라』(롬 3:22-24). 즉 죄가 있는 사람은 예수 그리스도를 믿어야 죄가 제거된 상태, 즉 의에 이르게 되는 것이다. 『**어린 자녀들아, 아무도 너희를 속이지 못하게 하라. 의를 행하는 자는 그분**[예수 그리스도]**께서 의로우신 것같이 의로우나 죄를 짓는 자는 마귀에게 속하나니 이는 마귀가 처음부터 죄를 짓기 때문이라. 이 목적으로 하나님의 아들이 나타나셨으니, 곧 마귀의 일들을 멸하시려는 것이라**』(요일 3:7,8).

교회 시대에는 하나님의 은혜로(롬 3:24), 율법의 행위 없이(롬 3:28), 오직 믿음으로(롬 5:1), 예수 그리스도의 피로(롬 5:9) 의롭게 되어 구원받고 그리스도인이 되는 것이다.

2) 『**믿음**』 : 사전적으로 『**믿음**』은 "**절대자나 종교적 이념 따위를 받들고 따르는 것**"이다. 성경적으로 『**믿음**』은 "**성경 말씀대로 될 것이라고 여기는 것**"이다. 『**그러므로 믿음은 들음에서 나오며 들음은 하나님의 말씀에 의해서니라**』(롬 10:17). 믿음은 늘릴 수도 있고, 약해질 수도 있고, 견고해질 수도 있다. 『**사도들이 주께 말씀드리기를 "우리의 믿음을 늘려 주소서."라고 하더라**』(눅 17:5). 『**그러나 네 믿음이 약해지지 않도록 내가 너를 위하여 기도하였으니, 네가 회심하게 되면 네 형제들을 굳게 하라."고 하시더라**』(눅 22:32). 『**그**[아브라함]**는 믿음 없음으로 인하여 하나님의 약속을 의심하지 아니하였고 오히려 믿음에 견고하여져서 하나님께 영광을 돌리며**』(롬 4:20).

믿음은 하나님의 선물이다. 『**너희가 믿음으로 말미암아 은혜로 구원을 받았으니 이것**[믿음]**은 너희에게서 난 것이 아니요, 하나님의 선물이라**』(엡 2:8). 또한 우리 믿음의 창시자이자 완성자는 예수 그리스도이시다. 『**그리고 우리 믿음의 창시자요 완성자이신 예수를 바라보자. 그는 자기 앞에 놓인 즐거움을 위하**

여 십자가를 견디시고 수치를 개의치 아니하시더니 하나님의 보좌 오른편에 앉으셨느니라』(히 12:2).

3) 『**사랑**』 : 사전적으로 『**사랑**』은 "**어떤 사람이나 존재를 몹시 아끼고 귀중히 여기는 마음**"이다. 성경에서 사용된 의미도 동일하다. 그러나 표면적인 의미는 같을지라도, 세상 사람들이 생각하는 사랑과 그리스도인의 사랑은 근본적으로 다르다. 그리스도인들에게는 『**하나님의 사랑**』이 부어졌기 때문이다. 『**소망이 부끄럽지 않은 것은 우리에게 주신 성령에 의하여 하나님의 사랑이 우리 마음속에 부어졌기 때문이라**』(롬 5:5). 『**우리를 향한 하나님의 사랑이 이렇게 나타났으니, 곧 하나님께서 그의 독생자를 세상에 보내신 것은 우리로 그를 통하여 살게 하려 하심이라**』(요일 4:9). 하나님께서는 예수 그리스도를 세상에 보내심으로써 하나님의 사랑을 나타내셨으며, 우리가 예수 그리스도를 영접했을 때 그 하나님의 사랑이 성령에 의하여 우리 마음속에 부어진 것이다.

그리스도인은 하나님께 사랑받는 사람들로서 다른 그리스도인들을 사랑해야 한다. 『**이로써 우리가 하나님의 사랑을 아노니, 이는 그분이 우리를 위하여 자신의 생명을 내어 놓으셨음이라. 따라서 우리도 형제들을 위하여 우리의 생명을 내어 놓는 것이 마땅하도다**』(요일 3:16). 『**사랑하는 자들아, 하나님께서 이처럼 우리를 사랑하셨으니 우리도 서로 사랑하는 것이 마땅하도다**』(요일 4:11). 성경은 우리에게 사랑이 없으면 아무것도 아니라고 말씀하신다. 『**사랑이 없으면 나는 아무것도 아니요... 사랑이 없으면 내게 아무 유익이 없느니라**』(고전 13:2,3).

하나님께서는 모든 사람이 구원받기를 바라시기 때문에, 먼저 하나님의 사랑을 받은 그리스도인으로서 복음 전파에 힘써야 한다. 『**이것이 우리 구주 하나님 앞에 선하고 기뻐하실 만한 일이니 하나님께서는 모든 사람이 구원을 받고 진리의 지식에 이르기를 원하시느니라**』(딤전 2:3,4). 이것은 그리스도의 사랑이 우리에게 강권하시는 바이기도 하다. 『**그리스도의 사랑이 우리를 강권하**

시느니라. 이는 한 사람이 모든 사람을 위하여 죽으면 모든 사람이 죽은 것이라고 우리가 판단하기 때문이라. 그가 모든 사람을 위하여 죽으신 것은 산 자들이 이제부터는 더 이상 자신들을 위하여 살지 않고 자기들을 위하여 죽었다가 다시 살아나신 그분을 위하여 살게 하려는 것이라』(고후 5:14,15).

4) 『**화평**』 : 사전적으로 『**화평**』은 "**화목하고 평안함**"이라는 의미이다. 성경적으로 『**화평**』은 일차적으로 "**하나님과의 올바른 관계에서 오는 내적인 평안**"이다. 『**내가 너희에게 화평을 남겨 두나니 나의 화평을 너희에게 주노라. 내가 너희에게 주는 것은 세상이 주는 것과 같지 아니하니, 너희는 마음에 근심하지 말고, 두려워하지도 말라**』(요 14:27). 『**그러므로 우리가 믿음으로 의롭게 되었으니 우리 주 예수 그리스도를 통하여 하나님과 화평을 갖느니라**』(롬 5:1).

"하나님과의 화평"은 그리스도인 안에서 흘러넘쳐 형제자매들과의 『화평』을 이루게 한다. 『**화평의 띠 안에서 성령의 하나 됨을 지키도록 열심히 노력하라**』(엡 4:3). 더 나아가 "**하나님과의 화평**"은 그리스도인으로 하여금 『**화평**』을 전파하는 사람이 되게 한다. 『**파송되지 아니하였는데 어찌 전파하리요? 기록된 바와 같으니 "화평의 복음을 전하며 좋은 일들의 기쁜 소식을 가져오는 자들의 발이 얼마나 아름다운가!"라고 하였느니라**』(롬 10:15). 한 그리스도인 안에 화평이 충만하게 되면 그 화평을 다른 사람들도 누릴 수 있게 해 주기 위해 자발적으로 복음을 전하게 된다.

사도 바울은 디모데전서에서도 디모데에게 젊은 사역자가 추구해야 할 것들을 말한 바 있다. 『**돈을 사랑하는 것이 모든 악의 뿌리니, 이것을 욕심내는 어떤 사람들이 믿음에서 떠나 방황하다가 많은 슬픔으로 자신들을 찔렀도다. 그러나, 오, 하나님의 사람인 너는 이것들을 피하라. 그리고 의와 경건과 믿음과 사랑과 인내와 온유를 추구하라**』(딤전 6:10,11). 사도 바울이 강조한 것이 완전히 동일하지는 않으나, 디모데전후서에서 공통적으로 『**의**』와 『**믿음**』과 『**사랑**』과 『**인내**』(24절, 『**잘 참으며**』)와 『**온유**』(24,25절)를 강조하고 있다.

반대자들을 대응하는 사역자의 자격 "온유함"

『어리석고 무식한 언쟁을 피하라. 거기에서 다툼이 나는 것을 앎이라. 주의 종은 다투어서는 아니되고, 모든 사람들에게 온유하며 가르치기를 잘하고, 잘 참으며 반대하는 자들을 온유함으로 바르게 잡아 주어야 하리니 그리하면 하나님께서 그들에게 회개하는 마음을 주셔서 진리를 깨닫도록 하실까 함이요 마귀의 뜻대로 그에게 사로잡혔던 그들이 마귀의 올무에서 깨어 나올까 함이라』(2:23-26).

1. 어리석고 무식한 언쟁을 피하라

<u>조리 있게 설명했는데도 상대가 수긍하지 않는다면 어떻게 해야 하는가?</u> 옳고 그름의 문제에서는 타협이라는 것이 있을 수 없기 때문에, 양보하지 않고 조리 있게 다시 설명하는 것이 최선이다. 그러나 상대의 지식이 낮아서 더 이상 이해하지 못하거나 옳지 못한 것을 계속 붙들고 있다면, 논쟁을 하기보다는 대화를 끝내야 한다. 『**이단 종파에 속한 사람은 한두 번 훈계한 후에 거절하라**』(딛 3:10).

<u>하나님의 일을 맡은 사람들은 다툼이 일어나지 않도록 유의해야 한다</u>. 왜냐하면 화를 내거나 화를 내는 것처럼 보이는 것이 별로 유익을 가져다주지 못하기 때문이다. 『**이는 사람의 성내는 것이 하나님의 의를 이루지 못함이니라**』(약 1:20). 설혹 상대가 무언가 잘못한 것이 있을지라도 거친 대응은 반발심만 일으키고 좋은 평판을 훼손시킬 수 있다. 『**또한 외부 사람들로부터도 좋은 평판을 받아야 할지니, 이는 그가 비방과 마귀의 올무에 빠지지 않게 하려는 것이라**』(딤전 3:7).

2. 사람들에 대한 온유함

『**온유**』의 사전적 의미는 "**성격, 태도 따위가 온화하고 부드러움**"이다. 성경에서도 온유라는 단어가 사전적 의미와 유사한 의미로 사용되고 있다. "온유"는 예수 그리스도께서 가지신 성품이기도 하다. 『**나는 마음이 온유하고 겸손하니, 내 멍에를 메고 나에게서 배우라. 그리하면 너희가 너희 혼에 쉼을 얻으리라**』(마 11:29).

사도 바울도 성도들에게 온유를 강조했다. 『**모든 겸손과 온유와 오래 참음과 사랑 가운데서 서로 용납하고**』(엡 4:2). 사도 야고보와 사도 베드로도 성도들에게 온유를 강조했다. 『**너희 가운데 현명하고 지식을 갖춘 자가 누구냐? 그는 선한 행실을 통하여 지혜의 온유함으로 자신의 행함을 나타내 보일지니라**』(약 3:13). 『**오직 마음에 숨겨진 사람을 썩지 아니하는 것 곧 온유하고 고요한 영으로 단장할지니 그것은 하나님 보시기에 매우 값진 것이니라**』(벧전 3:4).

온유에 대해 좀 더 유의할 사항이 있다. 사도 바울은 디모데에게 온유함을 강조할 때, 중요한 두 가지 맥락을 얘기하고 있다. 『**모든 사람들에게 온유하며 가르치기를 잘하고, 잘 참으며 반대하는 자들을 온유함으로 바르게 잡아 주어야 하리니**』(24,25절). 사도 바울은 갈라디아서에서도 잘못을 행한 사람에 대해 "온유의 영"으로 그런 자를 바로잡으라고 말하고 있다. 『**형제들아, 어떤 사람이 무슨 잘못을 범하였으면 영적인 너희는 온유의 영으로 그런 자를 바로잡고 네 자신을 돌아보아 너도 시험을 받지 아니하도록 하라**』(갈 6:1).

하나님의 일을 하는 사람은 모든 사람들에게 온유해야 하지만, 그 온유는 "바른 성경적 지식" 위에 있어야 한다. 『**가르치기를 잘하고**』와 『**바르게 잡아 주어야 하리니**』가 바로 그것을 보여 준다. 지식이 없으면, 가르칠 수 없고, 바르게 잡아 줄 수 없기 때문이다. "**성경적 온유**"는 "**바른 성경적 지식**"의 토대 위에 있을 때 진정한 위력을 발휘한다는 사실을 잊어서는 안 된다.

성경은 이렇게 온유함을 유지해야 하는 이유가 『**그리하면 하나님께서 그들에게 회개하는 마음을 주셔서 진리를 깨닫도록 하실까 함이요 마귀의 뜻대로 그에게 사로잡혔던 그들이 마귀의 올무에서 깨어 나올까 함이라.**』(25,26절)라고 설명하신다. 우리는 진리를 모르는 사람들에 대해 연민과 사랑을 가져야 한다.

3. 하나님과 말씀에 대한 온유함

성경에서 "온유"는 사람에 대한 마음가짐으로만 사용된 것이 아니고, 하나님께 대한 마음가짐으로도 사용되었다. 하나님과 하나님의 말씀에 대한 "온유"는 하나님과 하나님의 말씀에 대해 온전히 낮아진 모습을 갖는 것을 의미한다.

야고보는 하나님께서 주시는 하나님의 말씀을 받을 때 "온유함"으로 받으라고 말하고 있다. 『**그러므로 너희는 모든 더러움과 넘치는 악을 벗어 버리고, 너희 혼들을 구원할 수 있는, 심겨진 말씀을 온유함으로 받으라**』(약 1:21). 베드로는 성경 말씀을 다루는 일, 특히 성경 말씀으로 사람들에게 답변하는 것을 예비하는 일에서 "온유"를 강조한다. 『**그러나 너희 마음속에서 주 하나님을 거룩하게 여기며 너희 안에 있는 소망에 관한 이유를 묻는 모든 사람에게 답변할 것을 온유와 두려움으로 항상 예비하고**』(벧전 3:15). 이 말씀들에서 언급하는 "온유함"은 사람을 대하는 "온유함"이 아니다. 하나님과 하나님의 말씀을 대하여 온전히 낮아진 모습을 갖는 것을 의미하기 때문에 "겸손"과 매우 가까운 의미이다.

■ 새롭게 깨달았거나 적용할 내용이 있다면 적어 보세요. ■

제5과
복습문제

1. 『그러므로 이런 것들에서 자기를 (　　　　　　)하게 하는 사람은 귀한 그릇이 되어 거룩하여지고 주인이 쓰기에 합당하며, 모든 선한 일을 위하여 예비되느니라』(딤후 2:21).

2. 『너는 또한 (　　　　　　)의 정욕을 피하고 오직 (　　　　　　)한 마음으로 주를 부르는 사람들과 함께 의와 믿음과 사랑과 화평을 추구하라』(딤후 2:22).

3. 『주의 종은 다투어서는 아니되고, 모든 사람들에게 (　　　　　　)하며 가르치기를 잘하고, 잘 참으며 반대하는 자들을 (　　　　　　)함으로 바르게 잡아 주어야 하리니』(딤후 2:24,25).

4. 『그러므로 너희는 모든 더러움과 넘치는 악을 벗어 버리고, 너희 혼들을 구원할 수 있는, 심겨진 말씀을 (　　　　　　)함으로 받으라』(약 1:21).

■ 새롭게 깨달았거나 적용할 내용이 있다면 적어 보세요. ■

NOTES

복습 문제 정답

제2과

1. X
2. O
3. 생명, 불멸
4. X
5. 붙잡고, 지키라

제3과

1. 강건
2. 고난
3. 애쓰, 규칙
4. 수고
5. 다스

제4과

1. X
2. 유익
3. X
4. 올바로 나누어
5. X

제5과

1. 깨끗
2. 젊음
3. 온유, 온유
4. 온유

<추천도서>

목회서신

피터 S. 럭크만 지음 / 460쪽

20,000원(eBook 14,000원)

이 책은 지역 교회를 통한 하나님의 사역을 이해하게 하며, 또 지역 교회를 섬기는 신실한 성도 및 사역자의 자격을 알려 준다.

믿음의 선한 싸움을 싸우라

이송오 목사 지음 / 184쪽

7,000원(eBook 4,900원)

이 책은 우리의 영적 싸움에서 가장 기초적이라 할 수 있는 영적 분별력을 키우게 해 준다.

믿음의 좁은길

조지 문델 지음 / 152쪽

4,000원(eBook 2,900원)

이 책은 아브라함의 생애를 조명해 보는 가운데 우리가 그리스도인으로서 승리의 삶을 살수 있는 방안을 제시하고 있다.

완벽한 교회는 없는가

이송오 목사 지음 / 296쪽

12,000원(eBook 8,400원)

참 교회의 모습을 찾으려고 하는 성도들, 특히 올바른 목회를 하려고 준비하는 신학생들과 목회자에게 좋은 교과서로 제시된다.

솔로몬 성경공부 시리즈

디 모 데 후 서

제1권 예수 그리스도의 훌륭한 군사가 되라(1,2장)

초판1쇄 2024년 6월 7일
초판2쇄 2024년 7월 5일
지 은 이 / 편 집 부
발 행 인 / 박 승 용
발 행 처 / 말씀보존학회
출판등록 / 제409-2022-000036호
주 소 / 서울 강서우체국 사서함 제90호
전 화 / (02) 2665 - 3743
팩 스 / (02) 2665 - 3302
인 터 넷 / www.biblemaster.co.kr

잘못된 책은 바꿔 드립니다.

값 10,000 원